La vie est compliquée

Original story by
Jennifer Degenhardt

Translated by Lilah Perrotti

Cover Art by Ajax M. Heyman

Copyright © 2021 Jennifer Degenhardt
(Puentes)
All rights reserved.
ISBN: 978-1-7362438-9-3

For Kate and Emma.

TABLE DES MATIÈRES

Remerciements	i
Chapitre 1 Jean-Marc	1
Chapitre 2 Pierre	5
Chapitre 3 Vincent	8
Chapitre 4 Jean-Marc	10
Chapitre 5 Pierre	15
Chapitre 6 Vincent	19
Chapitre 7 Jean-Marc	21
Chapitre 8 Pierre	26
Chapitre 9 Vincent	31
Chapitre 10 Jean-Marc	36

Chapitre 11 Vincent	39
Chapitre 12 Jean-Marc	43
Chapitre 13 Pierre	46
Chapitre 14 Vincent	49
Chapitre 15 Pierre	51
Chapitre 16 Jean-Marc	53
Chapitre 17 Vincent	56
Chapitre 18 Pierre	60
Chapitre 19 Jean-Marc	62
Épilogue	64
Glossaire	67

REMERCIEMENTS

A *merci énorme* to Lilah Perrotti for taking on the task of not only putting this story into French, but doing the requisite research AND having astute awareness of the themes of the book so that the adaptation is culturally relevant.

Another *merci énorme* to Françoise Piron for editing the manuscript, not only so that it reads correctly, but also smoothly and comprehensively. As French is not my area of expertise, I rely on others for help and she is the absolute BEST ! Extra special thanks to Françoise's mom, Nicole Piron, from Gland, Switzerland, who consulted for grammatical nuances and other linguistic challenges.

Thank you to Theresa Marrama for her assistance with the glossary ; always the most thankless task in creating a book. *Merci mon amie* !

Ajax M. Heyman is the talent behind the cover image. I love working with student artists and am always thrilled with their works of art. This one is no exception. I'm further grateful to Ajax for coming up big with a cover image in a very short period of time !

Finally, a thank you to Winston the dog and his owner, Aaron, for allowing me to include the rockin' photo of him on p. 22. Winston, your pose is perfect!

Chapitre 1
Jean-Marc

Ma vie est compliquée.

Il est trois heures de l'après-midi et je marche vers l'École du Rock. C'est une école de musique. Je joue de la guitare.

Mais je dois aussi finir mes devoirs pour l'école. J'ai beaucoup de devoirs pour mon cours de français. Je dois écrire un paragraphe pour cette classe. Le sujet : l'identité. Mon identité.

Je dois répondre à la question :

Qui êtes-vous ?

Oh là là ! C'est une question simple, mais la réponse est compliquée. Je prends mon portable pour écrire sur *Google Docs*. Je n'écris pas de paragraphe maintenant.

J'écris des phrases simples. Je vais écrire davantage ce soir.

- Je m'appelle Jean-Marc Laurette.
- Je suis le fils de Pierre Laurette Michel et Liliana Martin de Michel.
- J'ai quinze ans.
- Je parle anglais, français et créole seychellois[1].
- Je viens des Seychelles
- Je suis afro-seychellois.
- J'aime la musique.
- J'aime la musique séga.
- J'aime aussi le reggae.
- Je n'aime pas la polka.
- J'aime le rock.
- Je joue de la guitare.
- Je joue de la guitare dans un groupe de rock.
- Je ne joue pas de guitare dans un groupe de séga.
- J'habite à New York.
- J'habite avec mes parents et mes grands-parents.

---

[1] créole Seychellois : Seychellois creole; French-based creole language of Seychelles.

- Mon père s'appelle Pierre.
- Mes grands-parents s'appellent Juliette et Vincent.
- Mes grands-parents sont les parents de mon père.
- Ma mère et mon frère sont morts dans un accident.
- Je ne suis pas très intelligent, je suis un étudiant ordinaire.
- J'aime la cuisine seychelloise, en particulier celle[2] de ma grand-mère.
- Elle cuisine du poisson grillé[3] et du curry à la noix de coco[4].
- J'ai beaucoup d'amis.
- J'ai deux amis dont je suis amoureux.
- Léa est une super amie.
- Elle est étudiante à mon école.
- Baker est un bon ami aussi, un nouvel ami.
- C'est aussi un excellent ami.
- Il est mon ami à l'École du Rock.

---

[2] celle : that of.
[3] poisson grillé : grilled fish.
[4] du curry à la noix de coco : coconut curry.

- Baker est étudiant d'une autre école.

Ce n'est pas tout, mais je n'écris plus. L'information est correcte mais ennuyeuse.

Je lis les phrases sur l'écran. Sur l'écran, ma vie est simple. En réalité, ma vie est compliquée.

Chapitre 2
Pierre

Ma vie est un désastre.

Je travaille dans un hôpital, mais je n'aime pas ça. Je veux trouver un autre travail.
Je dois écrire un paragraphe pour mon nouveau travail. La question est : Qui êtes-vous ?

Je dois réfléchir. Qui suis-je ?

Je suis Pierre Jean-Marc Laurette.
J'ai quarante-deux ans.
Je parle créole seychellois, français et un peu d'anglais.
Je viens des Seychelles.
Je suis afro-seychellois.
J'aime la musique séga et le reggae.
Je n'aime pas la musique rock. C'est horrible.
J'habite à New York.

J'habite avec mes parents et mon fils.
Mon fils s'appelle Jean-Marc.
Mes parents s'appellent Vincent et Juliette.
Je suis père, mais en ce moment je ne suis pas un bon père.
Je suis un mari.
Non, je ne suis pas un mari.
En fait, je n'ai plus de femme.
Je n'ai plus de fils.
Ma femme et mon autre fils sont morts dans un accident.
Je suis médecin.
Non, je ne suis pas médecin.
J'étais[5] médecin aux Seychelles, mais ici aux États-Unis, je ne suis pas médecin. Aux États-Unis, je travaille dans un hôpital mais je ne suis pas médecin.

Je pense à ma vie. Ma vie est un désastre. Je pense beaucoup à ma femme et à mon fils. Je pense à ma vie aux Seychelles. Ma vie aux Seychelles était[6] très différente de ma vie **actuelle**. Ma vie aux Seychelles était

---

[5] j'étais : I was.
[6] était : was.

heureuse. Ma vie aux États-Unis est difficile. J'ai beaucoup de problèmes. Des problèmes difficiles à résoudre. Et je bois beaucoup d'alcool. C'est horrible.

Maintenant, je dois aller à un travail que je n'aime pas. Oh non !

Chapitre 3
Vincent

Ma vie est difficile.

Je suis chez moi, dans la cuisine ; ma femme prépare le café pour tout le monde.

« Qu'est-ce que tu fais, Vincent ?» elle me demande.
« Je dois faire une présentation et j'ai besoin de me préparer » je dis.
« Quand est-ce ? » me demande Juliette.
« Vendredi » je dis.
« Quel est le sujet de ton texte ? »
« Je dois écrire un texte sur ma vie », je lui explique.
« Ah, tu as beaucoup d'informations intéressantes » dit ma femme.
« Oui. Beaucoup d'informations. »

C'est la vérité. J'ai une histoire intéressante. J'écris :

Je suis Vincent Laurette. J'ai 63 ans. Je parle créole seychellois, français et un peu d'anglais. Je suis afro-seychellois, mais j'habite actuellement à New York, aux États-Unis. Je vis avec ma femme, un des mes enfants, et mon petit-fils, Jean-Marc. Je travaille pour le Consulat de la République des Seychelles aux États-Unis. Je suis consul. J'aime mon travail. J'aime résoudre les problèmes.

Mais il y a un problème que je dois résoudre : le problème de mon fils, Pierre. Il a une dépendance à l'alcool. Il boit beaucoup. C'est un gros problème.

J'ai un autre problème avec ma fille. Elle habite à Mahé. Elle n'a pas le même problème que mon fils, mais elle a des problèmes parce que les Seychelles ont beaucoup de problèmes. Je veux aider mes enfants. Mais comment ?

Ma vie est difficile.

Chapitre 4
Jean-Marc

« Salut, Jean-Marc ! » Baker me dit quand j'arrive à l'École du Rock.

Baker est avec les autres membres du groupe : Aaron, Joe et Anthony. Baker joue de la batterie, Aaron joue de la basse et Anthony joue de la guitare. Baker joue aussi de la basse, mais pas dans le groupe de l'École du Rock.

« Baker, salut. Ça va ? » je dis.
« Ouais, ça va. Et toi ? »
« Plus ou moins » je réponds.
« Qu'est-ce qui se passe ? » me demande Baker.
« J'ai toujours des problèmes avec mon père » je lui dis. « Et j'ai beaucoup de devoirs. »

Baker comprend bien. Il a aussi beaucoup de devoirs pour ses classes.

« Quel problème tu as avec ton père ? » il me demande.
« Beaucoup de problèmes. Mon père n'aime pas la musique rock. Il dit que le rock est horrible. Et il boit beaucoup d'alcool. »
« Oh non. Ce problème d'alcool est grave ? » Baker me demande.
« Oui, c'est grave. Mon père boit tous les jours. Et quand il le fait, il est très hostile. »
« Oui Jean-Marc. C'est terrible. Je suis désolé, mais je comprends » dit Baker.
« Mais maintenant, on va jouer du rock, n'est-ce pas ? »
« Oui. On va d'abord jouer « Pretty Woman » Tu aimes la chanson ? »

« Pretty Woman » est une chanson de Roy Orbison. La chanson parle d'une très jolie fille. Quand je joue la chanson, je pense à mon amie Léa. Elle est très belle, comme la fille dans la chanson. Elle a les yeux bruns et les cheveux longs. J'aime beaucoup Léa.

Je joue de la guitare et je regarde Baker. Je suis très content quand je joue de la musique avec Baker. Il comprend mes problèmes parce qu'il a aussi des problèmes familiaux. Pour cette raison, et pour son sourire, j'aime beaucoup Baker. Il est très spécial.

J'aime Léa et j'aime Baker. Je suis amoureux de mes deux amis.

Oh là là ! Ma vie est compliquée.

*****

Cette nuit-là j'écris ma composition.

Je m'appelle Jean-Marc Laurette. J'ai quinze ans et je viens des Seychelles mais actuellement, je vis à New York. Je vis ici depuis quatre ans. Je parle créole seychellois, français et anglais. Je suis afro-seychellois. J'ai les cheveux noirs, la peau foncée et les yeux bruns. Je suis le fils de Pierre Laurette Michel et de Liliana Martin de Michel. Je vis avec mon père et mes grands-parents. Je ne vis pas avec ma mère et mon frère. Ils sont morts dans un accident.

Mon père s'appelle Pierre. Mes grands-parents s'appellent Juliette et Vincent. Mes grands-parents sont les parents de mon père. On habite à New York parce que mon grand-père travaille au Consulat des Seychelles ici. Il est très intelligent.

J'aime la musique. La musique séga est populaire aux Seychelles. J'aime aussi le reggae. Je n'aime pas la polka. Mais j'aime aussi le rock. Je joue de la guitare dans un groupe de rock. Le rock n'est pas des Seychelles, mais c'est un genre de musique que j'aime.

J'aime la cuisine seychelloise, en particulier la nourriture de ma grand-mère. Elle prépare souvent du poisson grillé et du curry à la noix de coco. Sa cuisine est délicieuse. Mais j'aime aussi les hamburgers et la pizza.

J'ai beaucoup d'amis. Mais j'ai deux meilleurs amis. Baker est un nouvel ami. Il

est formidable. C'est un ami de l'École du Rock. Je joue de la musique à l'École du Rock avec lui. Baker est étudiant dans une autre école mais à l'École du Rock on joue de la musique ensemble. Léa est aussi une super amie. Elle est étudiante dans mon école. Oui, j'aime les garçons et les filles.
J'ai deux langues.
J'ai deux cultures.
Je suis amoureux d'une fille et d'un garçon.

Ma vie est compliquée.

Oui, ma vie est TRÈS compliquée.

Chapitre 5
Pierre

C'est le mois de mai, mais il fait très chaud. TRÈS chaud. Oh là là ! Il ne fait normalement pas si chaud en mai à New York. Normalement il fait chaud en juillet et en août.

Je ne travaille plus à l'hôpital. J'ai un nouveau travail, mais c'est comme mon travail à l'hôpital : horrible.

Je travaille à l'aéroport international de John F. Kennedy. Je travaille dehors avec les valises. J'amène les valises jusqu'aux avions et des avions à l'intérieur de l'aéroport. C'est un travail difficile. Je n'aime pas ce nouveau travail. Je ne l'aime pas parce que c'est un travail physique et parce que ce n'est pas le travail que

j'avais[7] aux Seychelles. J'aime être médecin.
« Hé, Pierre » me dit Rick. « Tu vas travailler aujourd'hui ou quoi ? »
Rick travaille à l'aéroport avec moi. Il travaille beaucoup. Il aime son travail.

« Je travaille. Je travaille » je lui dis.

Je suis fâché. Je suis en colère contre Rick et je suis en colère contre tout. Je n'ai pas ma femme et je n'ai pas mon plus jeune fils. Et je ne fais pas un travail que j'aime. Je suis fâché.

Ce jour-là, je décide de boire de l'alcool au travail. Je bois beaucoup. Je ne peux pas travailler. C'est un gros problème. Et c'est un autre problème pour le patron.

« Pierre ! Quel est votre problème ? Pourquoi est-ce que vous ne travaillez pas ? » me demande John.
« Et... qu'est-ce que c'est ? Est-ce qu'il y a de l'alcool dans cette bouteille ? »

---

[7] j'avais : I had.

Je ne réponds pas. Je ne parle ni à John ni à Rick. Mais John me parle à nouveau.

« Pierre, je suis désolé. Mais vous ne pouvez pas travailler à l'aéroport. Vous devez rentrer chez vous. »

*****

Je rentre à la maison et je suis très fâché.

J'entre dans la cuisine. Mes parents et Jean-Marc sont à table. Ils sont en train de[8] dîner et ils me regardent tous quand j'entre dans la pièce. Je crie après mon fils et je crie après mes parents.

« Pourquoi me regardez-vous tous ? Pourquoi ? POURQUOI ? » je leur demande.

Jean-Marc ne parle pas. Mes parents ne parlent pas.

Un instant plus tard, Jean-Marc finit de manger et il va à sa chambre.

---

[8] en train de : in the process of.

Je crie à nouveau. « Tu vas où ? Tu vas jouer cette horrible musique avec ton ami gay ? Cette musique atroce ! »

Mon père me parle. « Pierre, tu as un énorme problème d'alcool. Tu as besoin d'aide. Tu dois t'inscrire à un programme de désintoxication.

« Je ne vais pas participer à un programme » je lui dis.

Mon père ne crie pas. Il dit, « Pierre, tu as besoin d'aide et si tu ne fais rien, tu ne peux pas vivre ici. »

Je ne parle pas. Je ne dis rien. Je suis très triste. J'ai perdu[9] ma femme. J'ai perdu mon fils Paul. Je vais perdre Jean-Marc et mes parents.

Je réfléchis pendant un moment et je dis d'une voix douce, « D'accord, papa. Je vais y aller. »

---

[9] j'ai perdu : I lost.

Chapitre 6
Vincent

Ce matin, je vais avec mon fils à son programme de désintoxication. C'est un programme de trente jours.

« Pierre, tu es prêt ? »
« Oui papa. Merci pour ton soutien. »
« Bien sûr mon fils. Accepte l'aide qu'on va t'offrir. Travaille dur. »
« Ouais. Merci papa. »
Je prends mon fils dans mes bras et je lui dis « bonne chance. »

Pierre marche vers la porte du centre de réadaptation et à ce moment, ma fille m'appelle de Mahé :

« Salut papa. Comment vas-tu ? »
« Salut Aurélie. Tout va bien ici. Pierre a accepté de participer à un programme de désintoxication. »

« Bien, papa, c'est bien, »

« Oui, c'est vrai. Comment vas-tu ? » je lui demande.

« Je vais bien, mais les problèmes ici à Mahé sont horribles. Il n'y a pas d'argent à cause de la COVID. Il n'y a pas de touristes. Tout le monde perd son emploi. C'est trop dur, » me dit Aurélie.

« Oh, Aurélie. C'est terrible. Comment va la famille ? » je lui demande.

« Nous allons assez bien, mais je ne sais pas pour combien de temps, » me dit ma fille.

« La situation économique est très difficile. L'argent que nous recevons de nos emplois ne suffit pas. L'inflation est trop élevée, comme tu le sais, » m'explique Aurélie.

« C'est bon. Je vais envoyer de l'argent à ton compte bancaire. C'est une bonne idée ? »

« Ouais papa. Merci. Merci pour ton aide. Je t'aime. Dis bonjour à maman et à Jean-Marc aussi. »

« Prends soin de toi, Aurélie. Dis bonjour à ta famille. Je t'aime. »

Il y a beaucoup de problèmes dans ma famille. Mais il y a aussi beaucoup d'amour.

Chapitre 7
Jean-Marc

« Bonjour papy. Bonjour mémé. Comment allez-vous tous les deux ? » dis-je. J'entre dans la cuisine avec mon sac à dos.

« Bonjour Jean-Marc. Tout va bien chez toi ? » me demande mon grand-père.

« Ouais, je vais bien. Je ne suis pas inquiet. Mon père va obtenir l'aide dont il a besoin »

« C'est vrai, Jean-Marc. Il va obtenir de l'aide » me dit mon grand-père.

À ce moment, je reçois un texto de Baker. C'est une photo amusante de son chien.

Photo credit : Aaron Gerard.

« Ha ha ! » je dis.

« Qu'est-ce qui se passe ? » me demande ma grand-mère.

« Ce n'est rien. Une photo du chien de mon ami Baker. Regardez. »

Ma grand-mère aime aussi la photo. Mon grand-père ne voit pas la photo parce qu'elle disparaît rapidement.

« Baker est ton ami de l'École du Rock, non ? » demande mon grand-père. « Tu parles beaucoup de lui. »

« Oui. C'est un bon ami » lui dis-je.
« Est-il ton petit-ami ? » demande ma grand-mère.
Oh là là, je ne sais pas quoi dire. Est-il mon copain ? Je l'aime beaucoup...
« Je ne sais pas, mémé. J'aime beaucoup Baker. Mais je ne sais pas » je lui réponds.
Maintenant, c'est à mon grand-père de dire :
« C'est bon s'il est ton petit-ami. Si tu l'aimes, nous allons aussi l'aimer. »
« Merci, papy. Merci, mémé. C'est difficile pour moi. Je suis gay mais mon père ne l'accepte pas. »
Ma grand-mère dit, « Oui, Jean-Marc, c'est dur, mais ce n'est pas impossible. Ton père a besoin d'aide. Il va être différent après ça. Est-ce que tu voudrais inviter Baker au

dîner avec nous dimanche ? Je vais préparer du *sosis rougay*[10]. »

« Oui mémé, j'aimerais beaucoup ça. Et Baker et moi, nous pouvons jouer de la musique ensemble. »

« Très bien, Jean-Marc. Nous allons manger à deux heures de l'après-midi » dit ma grand-mère.

« C'est génial, mémé. Nous mangeons toujours à la même heure ! »

Je dis 'à plus' à mes grands-parents et je marche vers l'école. Pendant que je marche, je réponds à Baker par un texto.

La photo de Winston est vraiment amusante ! Est-ce que tu veux dîner avec mes grands-parents et moi dimanche ?

Ensuite, nous pourrons[11] jouer de la musique ensemble, pour nous exercer.

Oui, j'aimerais ça. Merci pour l'invitation. À plus tard !

---

[10] sosis rougay : Creole sausage.
[11] nous pourrons : we will be able.

Ouais. À plus.

J'arrive à l'école au moment où je finis la conversation. Soudain, je vois Léa. Elle est trop belle avec ses longs cheveux noirs et ses yeux verts. Nous parlons un peu et elle me donne un bisou sur la joue.

« Salut Jean-Marc. Comment ça va ? » elle me demande.
« Salut Léa. Je vais bien, merci » je lui dis.

Je vais bien. Je vais bien ? J'ai parlé[12] avec mes grands-parents de Baker, mais je n'ai pas parlé de Léa.

Comme c'est étrange.

---

[12] J'ai parlé : I spoke.

Chapitre 8
Pierre

Je suis au centre de réadaptation. Je dois y passer trois semaines. Je ne veux plus boire d'alcool, mais je suis toujours très en colère. Je veux être à la maison avec mon fils et mes parents. Mais ils sont en colère contre moi. Je ne suis pas un bon père et je ne suis pas un bon fils.

Je sens la colère en moi quand j'arrive au groupe l'après-midi.
Le chef du groupe demande « qui veut parler d'abord ? »

Je lève la main. « Moi. Je veux parler. »

Je commence à parler au groupe :

« Je n'ai plus ma femme. Je n'ai plus mon plus jeune fils. Je n'ai plus mon travail. Je ne suis plus médecin. Maintenant, je suis sans travail. Je suis loin de mon pays et j'ai beaucoup de problèmes. J'ai des problèmes avec mes parents. Et mon fils... mon fils est gay. C'est un gros problème. »

Les autres personnes dans le groupe ne disent rien. Ils comprennent parce qu'ils ont des problèmes aussi. Mais ce sont MES problèmes. Et MES problèmes sont les plus gros problèmes. Je n'arrive pas à les résoudre. Ma vie est un désastre.

« Hé, Pierre » dit Benjamin, le chef du groupe. « Ça va ? »

Pourquoi cet idiot me parle ? Il est évident que ça ne va pas. Je suis en colère. Je ne veux pas parler avec lui.

« Est-ce que tu as besoin de parler davantage ? Est-ce que tu veux parler de tes problèmes avec moi ? » me demande Benjamin.

« Non. Je ne veux pas parler avec toi. Je ne veux parler à personne. Je suis en colère » je réponds. Benjamin ne réagit pas mal.

Benjamin est un homme bien. « C'est bon, Pierre. Quand tu seras[13] prêt, viens me voir dans mon bureau » dit-il.

Je **devrais** répondre par un « merci » mais je ne veux pas. Je vais dans ma chambre.

J'arrive dans ma chambre et il y a une lettre sur mon lit. C'est une lettre de mon père. Je reçois des lettres de mes parents parce qu'ils ne peuvent pas me rendre visite.

Cher Pierre,

Comment ça va ? Comment va ton programme ? Est-ce que tu reçois l'aide dont tu as besoin ? Tout va bien à la maison. Je vais au travail chaque jour. Il y a beaucoup de problèmes que je dois résoudre, au consulat. Ta mère travaille dans son jardin chaque jour et elle prépare les repas.

---

[13] tu seras : you will be.

Jean-Marc va bien. Ta mère et moi, nous allons bientôt rencontrer son petit-ami, Baker.

C'est un bon gars. Nous voulons rencontrer Léa. Léa est aussi une bonne amie de Jean-Marc. Jean-Marc l'aime beaucoup. Ton fils est très attentif. Il aime tout le monde. Il a un grand cœur.

Ta sœur et sa famille ont beaucoup de problèmes. À Mahé, la situation est très difficile. Il n'y a pas beaucoup d'argent et il n'y a pas de services. Il y a un peu de travail, mais les employeurs ne paient pas beaucoup d'argent. Ils ne savent pas quoi faire.

Mais nous allons bien. Tu vas bien aussi, j'espère. La vie est belle.

Gros bisous,
Ton père

Quoi ? Mon père m'écrit sur les problèmes de ma sœur ? Elle a un mari. Elle a sa fille. Elle a son travail. Les problèmes de ma sœur ne sont pas des problèmes. *Moi, je* suis une personne avec des problèmes.

J'ai perdu ma famille et mon seul fils aime les garçons.

Mes problèmes sont *graves.*

Chapitre 9
Vincent

Quand je rentre à la maison, ma femme me parle.

« Salut Vincent. Comment vas-tu ? Est-ce que tu es prêt pour ta présentation de ce soir ? »
« Bonjour Juliette. Je vais bien » je lui dis. Je lui donne un bisou sur la joue.
« Il y a une lettre de Pierre. Elle est sur la table » me dit ma femme.
« Qu'est-ce qu'il dit ? » je demande.
« Il est très en colère » me dit Juliette.
Je prends la lettre. Au même moment, j'entends ma femme qui parle au téléphone.

« Allô ? » dit ma femme. « Aurélie ! Comment vas-tu ? »
Ma femme et ma fille se parlent beaucoup. Je prends la lettre et je la lis.

Chers papa et maman,

Le programme est difficile. J'apprends beaucoup de choses, mais je n'aime pas être ici.

Et je suis fâché contre Jean-Marc. Pourquoi n'a-t-il pas de copine ? Je n'accepte pas la situation.

Cordialement,
Pierre

Mon dieu ! Pierre ne boit plus d'alcool, mais il a encore des problèmes.

Ma femme m'appelle. « Vincent, Aurélie veut parler avec toi. »
« J'arrive ! » je lui dis.

Je parle avec ma fille pendant quelques minutes. Elle me raconte les problèmes qu'elle a avec sa famille. Elle me dit qu'ils ont des problèmes parce que le gouvernement est pauvre à cause de la pandémie.

« Papa, c'est comme toujours. Les riches ont beaucoup de privilèges et les pauvres n'ont rien. Les pauvres n'ont pas assez d'argent. Cette situation m'attriste » me dit Aurélie.

« Mais vous allez bien ? » je lui demande.
« Ouais papa. Merci. On va bien. Et comment vont Pierre et Jean-Marc ? »

Je parle avec Aurélie des activités de Jean-Marc, mais je ne dis rien de Pierre.

« Bon, j'ai ma présentation ce soir » je lui dis.
« C'est bien papa. Je t'aime. Et bonne chance ce soir. »
« Merci. Je t'aime aussi, Aurélie »
« À plus. »
« À plus. »

*****

J'arrive au consulat avec ma femme ; il y a un dîner en mon honneur. Je dois parler de ma vie. Le consulat me rend hommage[14] parce que j'y travaille depuis de nombreuses années.

Après un dîner élégant, le maître de cérémonie dit :

Ce soir, nous allons rendre hommage à notre cher consul, un homme si intelligent et si important pour notre consulat. Il résout beaucoup de problèmes pour nous et il porte toujours le sourire. Je suis honoré de vous présenter Vincent Laurette.

Les gens dans la salle m'applaudissent chaleureusement.

Je commence à parler devant tout le monde :

« Bonsoir à tous. Merci pour cet honneur. Je m'appelle Vincent Laurette. Je travaille pour le gouvernement depuis 25 ans. Il est

---

[14] (il) me rend hommage : (it) pays me tribute.

important de contrôler les relations entre les Seychelles et les États-Unis. J'aime être consul et j'aime bien représenter mon pays ici, aux États-Unis. Je suis un fier Seychellois, mais en ce moment, j'ai peur pour mon pays. Notre industrie la plus importante souffre. C'est une situation difficile et horrible pour les gens là-bas. »

Je parle pendant 15 minutes des problèmes des Seychelles et des gens de mon pays.

Je finis par cette phrase. « Merci. Merci pour cet honneur ce soir et merci d'avoir écouté[15] ce que j'ai à dire au sujet de la situation aux Seychelles. »

Mon patron me donne une médaille et un certificat. C'est gentil, mais ces objets ne peuvent pas résoudre les problèmes que j'ai avec ma famille et mon pays.

---

[15] d'avoir écouté : for having listened.

Chapitre 10
Jean-Marc

Je pense beaucoup à la musique sur le chemin de la maison après l'École du Rock. On a répété pendant 3 heures. Normalement on joue de la musique pendant 2 heures, mais on a joué plus longtemps ce soir. Il y a un spectacle dans quelques jours.

Quand je pars de l'École du Rock, Baker me touche le bras et me demande, « À ce week-end, Jean-Marc ? »

Baker. Je suis très heureux d'avoir un copain si sympa et si beau.

« Oui, à demain. Je serai[16] occupé dimanche » je lui dis.

---

[16] je serai : I will be.

« Occupé. Tu es un homme mystérieux » il me dit.

Je ris. « Je ne suis pas mystérieux. Je dois faire des devoirs avec une amie de mon école » j'explique à Baker.

« Ah ? Tu travailles avec Léa ? La fille de ton école ? » demande Baker.

« Oui » je lui dis. Baker sait que Léa est mon amie et Léa sait que Baker est mon ami, mais ils ne se sont jamais rencontrés.

Ma vie est TRÈS compliquée.

J'arrive enfin chez moi. La maison est très calme. Mes grands-parents sont à leur dîner spécial et mon père est au centre de réadaptation. Il y a une note de ma grand-mère sur la table de la cuisine :

Il y a de la nourriture pour toi dans le frigo. xoxo

Il y a une lettre près de la note avec l'adresse du centre de réadaptation. Je l'ouvre et je la lis.

Et je suis fâché contre Jean-Marc. Pourquoi n'a-t-il pas de copine ? Je n'accepte pas la situation.

Quoi ? QUOI ?

Je lis cette partie de la lettre encore une fois. Ça ne peut pas être vrai !

Immédiatement, ma tête commence à me faire mal et j'ai des douleurs à la poitrine. Est-ce mon cœur ? Je ne sais pas. Mais je sais que je ne peux pas rester ici. Sans penser[17] au dîner dans le frigo, je pars de la maison avec seulement mon téléphone et mon portefeuille.

C'est une situation horrible.

---

[17] sans penser: without thinking.

Chapitre 11
Vincent

Juliette et moi rentrons très tard du dîner. La lettre de Jean-Marc est sur la table de la cuisine à côté des livres de Jean-Marc.

« Oh là là, ce garçon et ses affaires » dit ma femme.

Nous sommes fatigués et nous allons directement nous coucher.

*****

« Vincent ! » Juliette crie. « Vincent, Jean-Marc n'est pas là. »

C'est le matin. Je me lève. Je mets un pantalon et une chemise.

« Qu'est-ce que tu as dit, Juliette ? » je lui demande.

« Jean-Marc n'est pas là. Et il n'a pas dormi[18] dans son lit » dit-elle.

« Envoyons-lui un texto » je suggère. « Il doit être avec Baker ou avec la fille de son école. »

« Je ne sais pas, Vincent. Je lui ai envoyé[19] un texto. Il ne m'a pas répondu[20]. Il me répond toujours. Je suis inquiète. Où est-il ? » elle me demande.

À ce moment-là, nous voyons la lettre de Pierre.

« Hé, Juliette. Regarde. Jean-Marc l'a lue[21] » je dis, tenant la lettre dans la main.

Quelle horreur !

Le téléphone sonne.

« Allô ? » je dis.
« Monsieur Laurette. C'est Baker. Je suis inquiet pour Jean-Marc » il me dit.

---

[18] il n'a pas dormi : he didn't sleep.
[19] je lui ai envoyé : I sent to him.
[20] Il ne m'a pas répondu : he didn't answer me.
[21] (il) l'a lue : (he) read it.

« Bonjour Baker. Merci de ton appel. Jean-Marc est avec toi ? » je demande.

« Non, monsieur. Je ne sais pas où il est » me dit Baker.

« Pourquoi es-tu inquiet ? » je demande.

« Jean-Marc m'a envoyé un texto hier soir. Il voulait parler avec moi au parc, mais il n'est jamais venu[22]. Je lui ai envoyé plusieurs textos, mais il ne m'a pas répondu. »

« Mon dieu. Nous allons le chercher. Merci de ton appel. »

Bien sûr. Monsieur Laurette ? » dit Baker. « Est-ce que vous pouvez m'appeler quand vous saurez[23] quelque chose ? »

« Bien sûr, Baker. Et merci encore. »

Maintenant, il faut trouver mon petit-fils. Où est-il ?

Nous allons au garage quand le téléphone sonne à nouveau.

« Allô ? » je dis.

---

[22] il n'est jamais venu : he never came.
[23] vous saurez : you will know.

« Bonjour Monsieur Laurette. C'est Léa. Je suis inquiète pour Jean-Marc. »

« Oui, je sais qu'il y a un problème. Merci pour ton appel. Quelles informations as-tu ? »

« Hier soir, j'ai reçu quelques textos. Jean-Marc voulait parler mais j'étais occupée. Après ça, je lui ai envoyé beaucoup de textos, mais il n'a pas répondu. »

« Baker a dit la même chose. Nous allons le chercher. Merci de ton appel. »

« De rien. Et Monsieur Laurette ? » dit Léa. « Est-ce que vous pouvez m'appeler quand vous saurez quelque chose ? »

« Oui, Léa. Merci de ton appel. »

Jean-Marc, où es-tu ?

Chapitre 12
Jean-Marc

Où suis-je ?

J'ouvre les yeux et je ne vois rien. Rien n'est clair. J'ai mal à la tête. Tout mon corps me fait mal.

Les lumières sont vives et fortes. Je ferme à nouveau les yeux.

« Bonjour, comment vous vous appelez ? Est-ce que vous savez où vous êtes ? » un homme me demande.

J'ouvre un œil et je vois qu'il porte une blouse blanche ; c'est un infirmier.

« Bonjour » je dis. « Je m'appelle Jean-Marc. Est-ce que je suis dans un hôpital ? » je lui demande.

« Oui, vous êtes à l'hôpital de Lenox Hill à New York. »

« Comment ? Qu'est-ce qui m'est arrivé ? »

« De quoi vous vous souvenez ? » il me demande.

La vérité est que je ne me souviens de rien.

« Je ne me souviens de rien. Qu'est-ce qui est arrivé ? »

« C'est normal de ne pas avoir de souvenirs. Ils vous ont attaqué dans le parc. »

Ah, c'est la raison pour laquelle j'ai mal à la tête et mon bras me fait mal. Mais qui m'a attaqué ?

« Je dois appeler vos parents » me dit l'infirmier.

Mon père. La lettre. C'est pourquoi je suis parti[24] de la maison. Le parc...

« Est-ce que vous pouvez appeler mon grand-père ? J'habite avec lui. »

---

[24] je suis parti : I left.

Je ne veux pas expliquer pourquoi je n'habite pas avec mon père - qu'il ne m'accepte pas tel que je suis.

« Bien sûr. Est-ce que vous avez son numéro ? »
« Oui, monsieur. »

J'écris son numéro et je ferme les yeux pour dormir.

Chapitre 13
Pierre

Je suis dans mon lit. J'essaie d'écrire un nouveau paragraphe pour mon groupe de l'après-midi. Soudain, je vois le directeur du centre près de la porte de ma chambre.

« Pierre, il faut que tu **viennes** dans mon bureau. »
« Pourquoi ? » je lui demande.
« Je dois te parler. »

Je ferme mon cahier et je marche vers le bureau. Je n'ai pas de problèmes ici, alors...

Pierre, ton père t'appelle. »

Je prends le téléphone. « Allô ? »
« Pierre. On a un problème. Jean-Marc n'a pas dormi à la maison hier soir. On ne sait

pas où il est. J'ai appelé[25] ses amis, Baker et Léa. Ils ne savent pas où il est. »

Pfff. Baker. Mon père n'avait pas besoin de mentionner[26] Baker. Je n'aime pas la relation, mais c'est mon fils...
« Qu'est-ce que je peux faire, papa ? » je lui demande.
« Rien. Tu ne peux rien faire. Je voulais juste t'informer. Je vais t'appeler plus tard » dit mon père. « Au fait, comment vas-tu ? »
« Je vais bien. Mais maintenant, je suis inquiet » je lui dis.
« Je sais, moi aussi. On se parlera[27] plus tard. »
« Merci papa. À plus. »

Je retourne à ma chambre. Je pense à mon fils. Je suis inquiet. Où es-tu, Jean-Marc ?

Je veux crier.
Je veux partir.

---

[25] j'ai appelé : I called.
[26] n'avait pas besoin de mentionner : he didn't need to mention
[27] on se parlera : we'll talk.

Je veux le chercher.
Je veux l'embrasser dans mes bras.

Je veux... En réalité, je veux pleurer.
Alors je pleure. Je pleure longtemps.

Chapitre 14
Vincent

Ma femme et moi, on passe l'après-midi dans la voiture. On cherche Jean-Marc. On ne sait pas où il est et on est très inquiets.

On va au parc. On va aussi à l'École du Rock, mais il n'est pas là.

Soudain, mon portable sonne. C'est Aurélie.

« Bonjour papa. C'est Aurélie » dit-elle.
« Salut. Tout va bien ? » je lui demande.
« En fait, non. Les manifestations sont horribles ici. Il y a beaucoup de violence. »
« Aurélie, je n'aime pas cette nouvelle. Mais tu peux m'appeler plus tard ? On a aussi un problème ici. »
« Ah, non ! Qu'est-ce qui est arrivé ? » me demande Aurélie.

« On ne sait pas où est Jean-Marc, » je lui dis.

« Oh papa. Parlons plus tard. Bonne chance. »

« Merci. »

« À plus tard, papa. »

Dans la voiture, ma femme et moi continuons à chercher. On va en direction de l'école quand mon portable sonne à nouveau.

« Allô ? » je dis.

« Bonjour, c'est M. Laurette ? » demande un homme.

« Oui. »

« Monsieur Laurette, je travaille à l'hôpital de Lenox Hill. Votre petit-fils, Jean-Marc, est ici. »

« Grâce à Dieu. Est-ce qu'il va bien ? » je lui demande.

« Oui monsieur. Il va bien. »

Nous allons directement à l'hôpital.

Chapitre 15
Pierre

Il est trois heures de l'après-midi. Je suis dans mon groupe, au centre de réadaptation. On doit écrire un texte sur notre vie.

Je m'appelle Pierre. Je ne suis plus médecin. Je ne suis plus un mari. Ma femme et mon fils sont morts dans un accident. Je me sens très mal. J'aimais ma vie aux Seychelles avant l'accident. J'aimais ma famille et nos activités.

Mais maintenant, les Seychelles sont aussi différentes. Les gens ont beaucoup de problèmes. Il n'y a pas assez d'argent pour tous. Ma sœur et sa famille ont beaucoup de problèmes. C'est une situation horrible.

Maintenant, je vis avec mes parents et mon autre fils, Jean-Marc. Jean-Marc est différent. Jean-Marc aime les garçons et les filles. C'est...c'était un problème pour moi. Maintenant le problème est sur ma relation avec Jean-Marc. Je ne veux pas le perdre.

Après avoir fini[28], je parle avec mon nouvel ami du groupe.

« Tu vas bien, Pierre ? » Benjamin me demande.
« Non, mon fils n'a pas dormi à la maison hier soir. »
« C'est terrible, Pierre. »
« Je ne vais plus boire d'alcool, je veux juste voir mon fils. »
« Bonne chance. Bonne chance, Pierre. »

---

[28] après avoir fini : after having finished.

Chapitre 16
Jean-Marc

À l'hôpital, je me sens bien. Je me sens en sécurité. Je suis en train de me souvenir des événements de la veille. Je parle à l'infirmier.

Je dis « J'ai vu[29] plusieurs hommes. Ils m'ont crié dessus[30] et m'ont attaqué[31]. Ils m'ont insulté[32]. »
« Oh, Jean-Marc ! T'es là ! » dit mon grand-père. Il entre dans la pièce avec ma grand-mère.
Elle me prend la main et me demande, « Jean-Marc, comment vas-tu ? Tu vas bien ? »

Elle est très inquiète.

---

[29] j'ai vu : I saw.
[30] Ils m'ont crié dessus : they yelled at me.
[31] (ils) m'ont attaqué : they attacked me.
[32] Ils m'ont insulté : they insulted me.

« Oui, mémé. Je vais bien. Quelques hommes m'ont attaqué au parc. »
« Oh, non. Jean-Marc. Je suis désolée » dit ma grand-mère. On va chez nous et je vais faire du curry à la noix de coco pour toi.
« Merci mémé » je dis avec un sourire.

Le médecin entre dans la pièce et dit, « Jean-Marc est prêt à rentrer à la maison, mais il doit d'abord parler à la police. La police a besoin d'informations. »

À ce moment, Baker ouvre la porte.

« Jean-Marc ! Comment vas-tu ? » demande Baker.
Baker, comment tu nous as trouvés[33] ? Mon portable est cassé…
« Ton grand-père m'a envoyé un texto » il répond.
« Mon grand-père ? » je demande. Maintenant je parle à mon grand-père.
« Papy, tu sais comment envoyer des textos ? »

---

[33] tu nous as trouvés : did you find us?

« Jean-Marc, j'ai de nombreux talents » dit-il.

Je ris.

On attend quelques minutes. Je parle avec un policier. Une heure plus tard, on rentre tous chez nous.

Chapitre 17
Vincent

Pour l'instant, tout va bien à la maison. Jean-Marc va mieux, mais...

« Papy, quand est-ce que mon père va rentrer chez nous ? » Il me demande.
« Ton père va rentrer dans une semaine. Ça va ? »
« Je ne sais pas. Je suis nerveux. Mon père n'aime pas... »

Il faut que je parle avec Jean-Marc.

« Jean-Marc, ton père t'aime beaucoup. Ses idées évoluent »
« Je suis toujours nerveux. »
« Je sais, Jean-Marc. Je vais parler avec ton père aujourd'hui. Je vais au centre de réadaptation cet après-midi. Est-ce que tu veux venir ? »

« Merci papy. Mais j'ai des projets avec Léa. Sa mère fait de la poutine[34], un vrai déjeuner québécois. Je vais voir mon père dans une semaine. »
« C'est bien. Alors à ce soir. »

*****

Je vais au centre de réadaptation en voiture pour aller voir mon fils. Pierre va mieux, mais je suis nerveux pour lui. Il ne faut pas qu'il boive[35] de l'alcool. Il a une maladie : l'alcoolisme.

Alors que je marche vers le centre, Aurélie m'appelle.

« Salut papa. Tout va bien ? » elle me demande.
« Salut Aurélie. Oui, tout va bien. Je vais voir Pierre maintenant. »
« Ah, comment va-t-il ? » elle me demande.
« Il va bien. Il va mieux. Mais il va avoir cette maladie pour le reste de sa vie. »

---

[34] poutine : a dish with French fries and cheese curds served with a brown gravy on top.
[35] Il ne faut pas qu'il boive : he shouldn't drink.

« Ah, je sais, papa. C'est très difficile. »
« Et toi ? Comment vas-tu ? »
« On voudrait aller aux États-Unis pour vivre avec vous, mais c'est difficile. Mais pour l'instant, on va bien. On a l'argent pour acheter des billets d'avion. Il y a beaucoup de gens qui n'ont rien. C'est dur. »

Je pense à mon pays. Les Seychelles est un beau pays. C'est difficile de voir les problèmes qui y existent.
« Aurélie, on va résoudre ce problème pour vous. Vous allez venir aux États-Unis. Bientôt. »
« Merci papa. Je t'aime. Dis bonjour à maman. »
« Je t'aime aussi. Salut. »
« Salut. »

J'arrive au centre de réadaptation. Je vois Pierre et je parle avec lui.

« Comment vas-tu, mon fils ? » je lui demande.
« Je vais bien, merci. Merci pour tout. »
« C'est bien. Alors, tu vas mieux ? »

« Oui, je me sens mieux. Je ne veux plus boire d'alcool » il me dit.
« Et ta relation avec ton fils ? » je lui demande.
« Oui, il faut que je **résolve** les problèmes entre nous. »

Mon fils est différent maintenant. Il utilise des mots différents. Il n'est plus en colère.

« Je suis très content, » je lui dis. « Tu dois être un meilleur père pour Jean-Marc. »
« Je sais papa. »
« Et tu dois l'accepter tel qu'il est... »
« Je sais. La vérité est que je l'aime beaucoup. »

On parle pendant une heure, puis je rentre à la maison. Ma vie est difficile, mais je suis content.

Chapitre 18
Pierre

J'arrive à la maison dans l'après-midi. Ma mère est dans la cuisine, elle prépare beaucoup de nourriture. Elle est très contente.

« Salut Pierre ! Comment vas-tu ? T'as faim ? » demande ma mère. Elle parle toujours de nourriture.

Je prends ma mère dans mes bras et je dis, « Merci. Oui, j'ai faim. »

Je mange le poisson grillé que ma mère a préparé[36] et je demande « Où est Jean-Marc ? »
« Jean-Marc a des projets avec Baker » me dit mon père.

---

[36] (elle) a preparé : she prepared.

« Non, Vincent. Il a des projets avec Léa » dit ma mère.
Mon père dit, « Il n'est pas à la maison. Il a des projets. Il a toujours des projets. »

Ah, mon fils. Il est très sociable — plus sociable que moi. Nous sommes très différents, mais il est mon fils et je l'aime. Je lui écris une note :

Salut Jean-Marc,

Si tu as le temps demain, j'aimerais passer du temps avec toi. Au parc ? On peut parler.

Je t'embrasse,
Papa

Chapitre 19
Jean-Marc

Je rentre tard. Je ne veux pas encore voir mon père.

Il y a une note sur la table. Mon père m'invite à sortir demain. Quelle chance ! La note dit :

Salut Jean-Marc,

Si tu as le temps demain, j'aimerais passer du temps avec toi. Au parc ? On peut parler.

Je t'embrasse,
Papa

*****

En marchant vers le parc, je parle beaucoup. J'ai besoin d'expliquer à mon père qui je suis.

« Papa, je suis qui je suis. Je suis différent. J'aime les filles, mais j'aime aussi les garçons. C'est difficile pour moi. Je ne comprends pas pourquoi, mais c'est comme ça. »

« Jean-Marc, je ne comprends pas vraiment, mais tout va bien. Je t'aime et je veux faire partie de ta vie. Filles, garçons... »

« Merci papa. Si tu veux faire partie de ma vie, je t'invite au spectacle vendredi à l'École du Rock. Nous allons très bien jouer. »

« Oui, Jean-Marc. Je peux accepter les filles et les garçons, mais la musique rock ? Je ne sais pas... »

« Ha, ha, Papa ! Ce sera[37] un excellent spectacle. Tu verras[38]. »

---

[37] ce sera : it will be.
[38] tu verras : you will see.

Épilogue

Vendredi, les grands-parents et le père de Jean-Marc arrivent pour le spectacle. Le but[39] du spectacle est de recueillir[40] des fonds pour les Seychellois. Jean-Marc et Baker sont là, prêts à jouer. Le groupe joue pendant une heure. La musique est excellente. Ils jouent des chansons des Rolling Stones, de Bon Jovi, de Queen, de Guns N'Roses et d'AC/DC.

Pierre n'aime pas beaucoup la musique, mais il aime regarder et écouter son fils. Jean-Marc est très content et il joue très bien de la guitare. Il a un solo dans la chanson, « Sweet Child of Mine » de Guns N'Roses. C'est phénoménal.

Après la chanson, Jean-Marc marche vers son père et ses grands-parents. Baker est

---

[39] but : goal, objective.
[40] recueillir : to collect.

avec lui. « Papa, je voudrais te présenter Baker. Baker, c'est mon père.

Pierre, avec un vrai sourire, serre[41] la main de Baker et dit : « Enchanté, Baker. Tu joues très bien. »

Pierre est très fier de son fils. Jean-Marc est un gars bien et un excellent guitariste. Vincent est également fier de son fils. Pierre est complètement différent maintenant. Et Jean-Marc ? Il est très heureux dans le groupe avec ses grands-parents, son père et Baker.

Soudain, Jean-Marc voit Léa. Il est nerveux.

Quoi ?
Comment ?
Pourquoi ?

« Bonjour Jean-Marc. Le spectacle... phénoménal ! J'aime beaucoup cette musique » dit Léa.

---

[41] serre : shakes.

« Euh, salut Léa » dit Jean-Marc. « Pourquoi est-ce que tu es ici ? » il lui demande.
« Ta grand-mère m'a invitée[42] » dit Léa.
« Oh » dit Jean-Marc, vraiment nerveux. « C'est bien. Merci mémé. »

Jean-Marc est TRÈS nerveux. Il ne sait pas quoi faire ou dire.

Pierre l'aide. « Jean-Marc, est-ce que Léa connaît Baker ? »
« Euh non. Désolé. Léa, voici mon ami Baker. Baker, c'est mon amie Léa. »

La situation est très difficile. Ce n'est pas une catastrophe, mais c'est très compliqué.

---

[42] (elle) m'a invitee : (she) invited me.

Glossaire

A

a - to, at
(d') abord - first
accepte - accept/s
accepter - to accept
accepté - accepted
accident - accident
(d')accord - okay
acheter - to buy
activités - activities
actuelle - current
actuellement - actually
adresse - address
affaires - things
afro - afro (prefix)
(j')ai - I have
aide - help/s
aider - to help
aimais - loved
aime - like/s
aimer - to like, love
aimerais - would like
aimes - like
alcool - alcohol
alcoolisme - alcoholism
allô - hello
aller - to go

allez - go
allons - go
alors - so
amène - bring
ami/e(s) - friend(s)
amour - love
amoureux - in love
amusante - funny
années - years
ans - years
août - August
appel - phone call
appeler - to call
appelez - call
appelle - calls
appellant - calling
applaudissent - applaud
apprends - learn
après - after
après-midi - afternoon
argent - money
arrive - arrive/s
arrivent - arrive
arrivé - arrived
as - have
assez - enough
atroce - atrocious
attend - waits
attriste - saddens
au - to/at the

aujourd'hui - today
aussi - also
autre(s) - other(s)
aux - to the, at the
avant - before
avec - with
avez - have
avion(s) - plane(s)
avoir - to have
aéroport - airport

B

basse - bass guitar
batterie - drums
beau - beautiful
beaucoup - enough
belle - beautiful
(avoir) besoin - to need
bien - well
bientôt - soon
billets - tickets
bisou(s) - kiss(es)
blanche - white
blouse - shirt
boire - to drink
bois - drink
boit - drinks
bon/ne - good
bonjour - hello, good day
bonsoir - good evening
bouteille - bottle
bras - arms
bruns - brown
bureau - office

C

c'/ça/ce - this
café - coffee
cahier - notebook
calme - calm
cassé - broken
catastrophe - catastrophe
cause - cause
centre - center
cérémonie - ceremony
certificate - certificate
ces - these
cet/te - this
chaleureusement - warmly
chambre - bedroom
(bonne) chance - (good) luck
chance - fortune
chanson(s) - song(s)
chaque - each
chaud - hot
chef - leader
chemin - path
chemise - shirt

cher(s) - dear
cherche - look/s for
chercher - to look for
cheveux - hair
chez - at the home of
chien - dog
chose(s) - thing(s)
clair - clear
classe(s) - class(es)
colère - angry
combien - how many, much
comme - as
commence - begin/s
comment - how
complètement - completely
compliqué/e - complicated
composition - essay
comprend - understands
comprends - understand
comprennent - understand
compte bancaire - bank account
connaît - knows
consul - consul
consulat - consulate
content/e - happy
continuons - continue
contrôler - to control
contre - against
copain - friend
copine - friend
cordialement - cordially
corps - body
correcte - correct
coucher - to sleep
cours - course
crie - yells
crier - to yell
cuisine - food

D

d'/de(s) - of, from (the)
dans - in
davantage - more
dehors - outside
déjeuner - lunch
délicieuse - delicious
demain - tomorrow
demande - ask/s
dépendance - dependence
depuis - after

désastre - disaster
désintoxication - detoxification
désolé/e - sorry
dessus - after
deux - two
devant - in front of
devez - must
devoirs - homework
devrais - should
dieu - god
difficile(s) - difficult
différent/e(s) - different
dimanche - Sunday
dîner - dinner
dire - to say
directement - directly
directeur - director
dis - say
dissent - say
disparaît - disappears
dit - says
dois - must
doit - must
donne - gives
dont - whose
dormir - to sleep
douce - sweet
douleurs - pains
du - from the
dur - hard
decide - decide

E

école - school
économique - economical
écouter - to listen
écran - screen
écrire - to write
écris - write
écrit - writes
également - equally
élevée - raised
élégant - elegant
elle - she
embrasse - hug/s
emploi(s) - job(s)
employeurs - employers
en - in
enchanté - nice to meet you
encore - still, yet
enfants - kids
enfin - finally
ennuyeuse - boring
ensemble - together
énorme - enormous
ensuite - then
entends - hear
entre - between

envoyer - to send
envoyons - send
es - are
espère - hope
essaie - try
est - is
et - and
États-Unis - United States
étranger - strange
être - to be
étudiant/e - student
événements - events
evidente - evident
évoluent - evolve
excellent/e - excellent
exercer - exercise
existent - exist
explique - explain/s
expliquer - to explain

F

fâché - angry
(avoir) faim - to be hungry
faire - to do, make
fais - do
fait - does
familiaux - familiar
famille - family
fatigués - tired
faut - must
femme - woman
ferme - close/s
fier - proud
fille(s) - girl(s)
fils - boys
finir - to finish
finis - finish
finit - finishes
fois - time, instance
foncée - dark
fonds - funds
fortes - strong
frère - brother
français - French
frigo - refrigerator

G

garçon(s) - boy(s)
garage - garage
gars - guy
gens - people
gentil - nice
gouvernement - government
grâce a Dieu - thank God
grand(s) - big
grave(s) - serious
gros - fat
groupe - group
guitare - guitar

guitariste - guitarist
genial - awesome

H

habite - live/s
heure(s) - hour(s)
heureuse - happy
heureux - happy
hier - yesterday
histoire - history, story
homme - man
hommes - men
honneur - honor
honoré - honored
hôpital - hospital
horreur - horror
hé - hey

I

ici - here
identité - identity
idée(s) - idea(s)
il - he
ils - they (m.)
immédiatement - immediately
important/e - important
industrie - industry
infirmier - nurse
informer - to inform
inquiète - worried
inquiet(s) - worried
inscrire - to register
intéressante(s) - interesting
intérieur - inside
invite - invite/s
inviter - to invite

J

j'/je - I
jamais - never
jardin - garden
jeune - young
jolie - pretty
joue - play/s
jouent - play
jouer - to play
joues - play
jour(s) - day(s)
joué - played
juillet - July
jusqu'a - until
juste - fair

L

l' - the
la - the
là-bas - over there
langues - languages
laquelle - which
le - the
les - the

lève - get up, raise
lettre(s) - letter(s)
leur - their
lis - read
lit - reads
livres - books
loin - far
longs - long
longtemps - long time
lui - him, to him
lumières - lights

M

m'/me - me
ma - my
Mahé - island in the Seychelles
mai - May
main - hand
maintenant - now
mais - but
maison - house
mal - bad
maladie - disease
maman - mom
mange - eat/s
mangeons - eat
manger - to eat
manifestations - protests
marchant - walking
marche - walk/s
mari - husband
matin - morning

médaille - medal
médecin - doctor
mémé - grandma
meilleur(s) - better
members - members
mentioner - to mention
merci - thank you
mère - mother
mes - my
mets - put
midi - half
mieux - better
moi - me
moins - less
mois - month
mon - my
monde - world
monsieur - sir, mister
morts - died
mots - words
musique - music
mystérieux - mysterious

N

n'/ne - don't
nerveux - nervous
ni - or
noirs - black
noix - nuts
nombreuses - many

nombreux - numbers
non - no
normalement - normally
nos - our
notre - our
nourriture - food
nous - we
nouveau - new
nouvel/le - new
nuit - night
numéro - number

O

objets - objects
obtenir - to get
occupé/e - busy
offrir - to offer
ois - ow
on - we
ont - have
ordinaire - ordinary
ou - or
ouais - yeah
oui - yes
ouvre - open/s

P

paient - pay
pandémie - pandemic
pantalon - pants
papa - dad
papy - grandpa
par - through
paragraphe - paragraph
parc - park
parce que - because
parle - speak/s
parlent - speak
parler - to speak
parles - speak
parlons - speak
pars - leave
participer - to participate
particulier - particular
partie - part
partir - to leave
pas - not
passe - spent
passer - to spend
patron - boss
pauvre(s) - poor
pays - country
peau - skin
pendant - during
pense - think
perd - loses
perdre - to lose
père - father
personne(s) - person(s)
petit - small
peu - little
peur - fear
peut - can

peuvent - can
peux - can
physique - physical
phénoménal - phenomenal
pièce - room
pleure - cry, cries
pleurer - to cry
plus - more
plusieurs - several
poisson - fish
poitrine - chest
policier - police officer
populaire - popular
porte - door
portefeuille - wallet
pour - for
pourquoi - why
pouvez - can
pouvons - can
prend - takes
prends - take
privilèges - privileges
problème - problem
programme - program
projets - projects, plans
prepare - prepare/s
preparer - to prepare
présentation - presentation
présenter - to present, introduce
puis - then

Q

qu' - what
quand - when
quarante - forty
quatre - four
que - that
quell/le(s) - what
quelque(s) - some
qui - who
quinze - fifteen
quoi - what
québécois - from Quebec

R

raconte - tell
raison - reason
rapidement - rapidly
rappelez - remember
rappelle - remember/s
recevons - receive
regarde - look/s, watch/es
regardant - looking watching

regarder - to look, watch
regardez - look, watch
relation(s) - relationship(s)
reconcontrés - met
rencontrer - to meet
rendre - to return
rentre - returns
rentrer - to return
rentrons - return
repas - meal
répète - repeats
représenter - to represent
reste - stay
rester - to stay
retourne - return
riches - rich
rien - nothing
ris - laugh
readaptation - rehabilitation
réagit - reacts
réalité - reality
réfléchir - to think
réfléchis - think
répond - respond/s
répondre - to respond
réponds - respond
réponse - answer
répété - repeat
résolve - resolve
résoudre - to resolve
résout - resolves

S

sa - his/her
sac à dos - backpack
sais - know
sait - knows
salle - room
salut - hello
sans - without
saurez - will know
savent - know
savez - know
semaine(s) - week(s)
sens - meaning
sera - will be
serai - will be
seras - will be
ses - his/her
seul - alone
seulement - only
seychellois/e - from Seychelles
si - if
sociable - social
soir - evening
sommes - are
son - his/her
sonne - rings
sont - are
sortir - to go out

soudain - suddenly
souffre - suffer
sourire - to smile
soutien - support
souvenir/s - memory/ies
souvent - often
suffit - enough
suggère - suggest
suis - am
sujet - subject
sur - on
sympa - friendly
sécurité - security

T

ta - your
tard - late
tel - as
temps - time
tenant - holding
tes - your
texte - writing
texto(s) - text(s)
toi - you
ton - your
touche - touches
toujours - always
touristes - tourists
tous - all
tout - all
(en) train de - in the process of
travail - work
travaille - work/s
travailler - to work
travailles - work
travaillez - work
trente - thirty
triste - sad
trois - three
trop - too much
trouver - to find
tu - you

U

un/e - a, an
utilize - use/s

V

va - goes
vais - go
valises - suitcases
vas - go
veille - the day before
vendredi - Friday
venir - to come
vers - towards
verts - green
veut - wants
veux - want
vie - life
viennes - come
viens - come
vis - see
visite - visit
vives - bright
vivre - to live
voici - here

voir - to see
vois - see
voit - sees
voiture - car
voix - voice
vont - go
vos - your
votre - your
voudrais - would like
voudrait - would like

voulais - wanted
voulait - wanted
voulons - want
vous - you
voyons - see
vrai - true
vraiment - really
verité - truth

Y

y - there
yeux - eyes

ABOUT THE AUTHOR

Jennifer Degenhardt taught high school Spanish for over 20 years and now teaches at the college level. At the time she realized her own high school students, many of whom had learning challenges, acquired language best through stories, so she began to write ones that she thought would appeal to them. She has been writing ever since.

Other titles by Jen Degenhardt:

La chica nueva | La Nouvelle Fille | The New Girl
La chica nueva (the ancillary/workbook
volume, Kindle book, audiobook)
Chuchotenango | *La terre des chiens errants*
Pesas
El jersey | The Jersey | *Le Maillot*
La mochila | The Backpack | *Le sac à dos*
Moviendo montañas | *Déplacer les montagnes*
La vida es complicada | *La vie est compliquée*
Quince | Fifteen
El viaje difícil | *Un Voyage Difficile* | A Difficult Journey
La niñera
Fue un viaje difícil
Con (un poco de) ayuda de mis amigos
La última prueba

Los tres amigos | Three Friends | *Drei Freunde* | *Les Trois Amis*
María María: un cuento de un huracán | María María: A Story of a Storm | Maria Maria: un histoire d'un orage
Debido a la tormenta
La lucha de la vida | The Fight of His Life
Secretos
Como vuela la pelota
Cambios | Changes graphic novel

@JenniferDegenh1

@jendegenhardt9

@puenteslanguage &
World LanguageTeaching Stories (group)

Visit www.puenteslanguage.com to sign up to receive information on new releases and other events.

Check out all titles as ebooks with audio on www.digilangua.co.

ABOUT THE ILLUSTRATOR

Ajax M. Heyman, a Southern California high school student, has had an immense passion for art since the young age of three. He has an endless fascination with animals, both living and prehistoric, and is a huge science fiction fan, passions which often find their way into his artistic creations. Ajax enjoys spending the summer months on the East Coast with his family and friends, going to museums, the beach, and zoos. He creates art daily - follow Ajax on His Instagram @ajaxink.

ABOUT THE TRANSLATOR/ADAPTER

Lilah Perrotti is a college student at Concordia University in Montreal, Canada. She loves the French language, jazz singing and expanding her knowledge. When not translating and researching for the author, Lilah can be found making the best coffee in the state of Connecticut.

www.ingramcontent.com/pod-product-compliance
Lightning Source LLC
Chambersburg PA
CBHW060406050426
42449CB00009B/1922